43960249R00091

Made in the USA
San Bernardino, CA
03 January 2017